LE
VÉRITABLE JAPON

LES MŒURS DU PAYS

ET LE CATHOLICISME

EXTRAIT DU *CORRESPONDANT*

PARIS

DE SOYE ET FILS, IMPRIMEURS

18, RUE DES FOSSÉS-SAINT-JACQUES, 18

1891

LE
VÉRITABLE JAPON

LES MŒURS DU PAYS

ET LE CATHOLICISME

EXTRAIT DU *CORRESPONDANT*

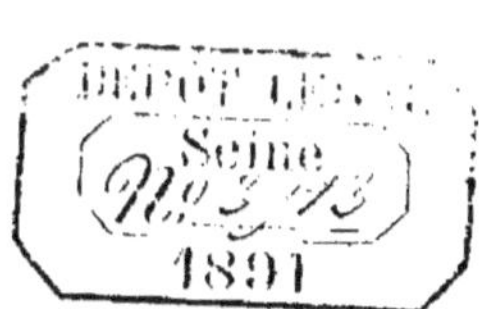

PARIS

DE SOYE ET FILS, IMPRIMEURS
18, RUE DES FOSSÉS-SAINT-JACQUES, 18

1891

LE VÉRITABLE JAPON

LES MOEURS DU PAYS ET LE CATHOLICISME

I

On a beaucoup écrit sur le Japon depuis quelques années, sans que cet étrange pays soit encore bien connu.

Malgré leur impatience, les Européens ne peuvent y pénétrer. Ils doivent se contenter d'explorer les sept villes du littoral qui leur ont été ouvertes et ne point sortir d'une certaine zone.

Pour la franchir, il faut une autorisation spéciale, assez difficilement accordée par le pouvoir central. Ce passeport n'a qu'une durée fort limitée; les provinces qu'on pourra visiter y sont soigneusement spécifiées.

A tout instant la police à l'œil ouvert sur le voyageur étranger. Dans chaque localité où il s'arrête il doit déposer son permis; on peut lui désigner l'endroit où il devra descendre et fixer l'heure de son départ. Ces formalités ne sont pas toujours très scrupuleusement suivies, mais dans aucun pays de l'Orient l'Européen n'est autant surveillé, malgré certaines apparences de bienveillance.

En dehors des missionnaires apostoliques qui, là-bas, sont tous Français, fort peu de personnes ont circulé dans l'intérieur du pays. On hésite généralement devant les difficultés, les fatigues et les périls du voyage.

Ces dangers sont de plus d'une espèce, et ceux intéressant seulement l'ordre moral sont assez grands, pour que bon nombre de chrétiens, voulant rester fidèles à certaines règles de conduite, renoncent à leur entreprise dans la crainte de succomber. Cela se voit souvent pour des prêtres étrangers aux missions. C'est que la démoralisation est si générale au Japon, qu'elle y semble naturelle. Il faut avoir l'imperturbable confiance de nos missionnaires dans la conquête du monde entier par le christianisme, pour oser se lancer dans une entreprise qui, pour ce pays, peut sembler surhumaine. Aussi sont-ils souvent fort surpris des progrès que leur attribuent certaines publications catholiques, et s'en affligent-ils, parce que cette erreur, sans rien changer à la réalité des difficultés qui les arrêtent, peut diminuer la sympathie qui leur est due et tarir, en partie, la source des aumônes dont ils vivent.

Les principaux obstacles ne résident pas dans le paganisme grossier des indigènes, mais dans un ensemble d'habitudes séculaires, bien plus difficiles à déraciner.

Les vieilles religions du pays, le bouddhisme et le shintoïsme, ce culte particulier au Japon et le plus répandu, semblent avoir fait leur temps. L'indifférence religieuse est plus menaçante. Nos plus dangereuses doctrines philosophiques ont franchi les mers, et les lettrés japonais inclinent visiblement vers le rationalisme et le scepticisme. On voit beaucoup d'indigènes pratiquer, suivant les circonstances, l'une et l'autre de ces anciennes religions, et ne pas se montrer très hostiles à la pensée de voir Jésus-Christ adoré dans un coin de leurs temples païens.

Le plus grand obstacle aux progrès du catholicisme ne réside donc pas dans l'antagonisme des croyances, mais bien plus dans l'hostilité des prêtres et de la noblesse indigènes, dépossédés de leur influence politique par la révolution de 1868. Il faudrait parvenir d'abord à changer complètement les mœurs du pays, et cette difficulté doit paraître à beaucoup insurmontable, au moins pendant bien longtemps.

II

On sait que la civilisation d'un peuple dépend de bien des conditions diverses, telles que sa situation géographique, sa latitude, son climat, sa faune et sa flore, telles encore que son passé historique et sa religion.

Mais nulle part la constitution physique du sol n'a produit de pareilles conséquences. En effet, tout le vaste archipel qui forme l'empire du Japon est d'origine essentiellement volcanique. Le sol y est encore bien souvent agité de convulsions souterraines, et les tremblements de terre y sont tellement fréquents, surtout dans les environs de Yokohama et de Tokio, que leur moyenne générale est de un par huit heures. Il s'en suit que les habitations ont dû revêtir un caractère particulier de stabilité et que le bois est le principal élément de toute construction. Quant aux pierres, elles sont rarement utilisées, et nécessitent des précautions fort dispendieuses.

Les maisons sont donc presque toujours fort légères. On les

commence par la toiture qu'on élève ensuite sur des supports en bois, lesquels forment comme la carcasse du monument. Les murs sont remplacés le plus souvent par des cloisons mobiles, généralement en papier. On les enlève habituellement le jour, pour faire entrer l'air. Aussi, point de cheminée : pour faire la cuisine ou combattre le froid on se sert de réchauds. Il n'est pas surprenant que les incendies soient très fréquents et qu'ils dévorent des quartiers entiers. On a calculé qu'au Japon une maison brûle tous les cinq ou six ans. Peut-être ces accidents si répétés sont-ils une des causes de l'absence presque complète de mobilier, y compris les vêtements de rechange. Dans beaucoup de ménages on en loue les jours de fête. Point de lits, point de chaises, point de tables : on dort à terre, sur des nattes, et l'on s'assied sur ses talons. Presque toujours il n'y a qu'une seule pièce, que l'on peut diviser momentanément avec des paravents ou des cloisons mobiles derrière lesquelles on voit ou l'on entend tout. Les regards des passants pénètrent partout, sans qu'on s'en préoccupe.

Dans de telles conditions, la vie intime ne saurait exister au Japon. Tout s'y passe en public. Aucune famille ne peut avoir de secret pour ses voisins. La nuit, la transparence des cloisons, s'il y a de la lumière au dedans, est des plus perfides et, sans le vouloir même, on aperçoit bien des choses. Ce sont les ombres japonaises qui, peut-être, ont fait imaginer les *ombres chinoises*. Quand le froid est trop vif, une vaste couverture, sous laquelle est un réchaud allumé, enveloppe toute la famille. On passe la nuit ainsi et chacun s'y comporte comme s'il était seul. Les enfants et les jeunes filles, quel que soit leur âge, ont donc l'habitude de tout entendre et de tout voir. Aucun parent n'a le moindre égard pour leur innocence, sans doute parce qu'ils n'en ont eux-mêmes jamais eu.

Car, chose étrange, les Japonais, dont l'esprit est si ouvert à nos arts, à nos sciences, à nos procédés industriels, ne comprennent absolument rien aux choses morales. Pour eux, la modestie, la décence, la pudeur, n'existent pas ; et comme ils n'en ont aucune idée, leur langue ne possède aucun mot pour exprimer ces sentiments. Leurs lettrés font de vains efforts pour en composer un ; ils cherchent encore la pensée qu'il faudrait traduire.

On doit apercevoir dès à présent une partie des difficultés rencontrées par nos missionnaires pour moraliser la population qui les entoure. Mais passons à la question du costume.

Le Japonais, dans ses travaux, est habituellement nu, car on ne peut considérer comme un vêtement le simple langouti, ou morceau d'étoffe, qu'il porte attaché au bas des reins. Si la nudité se tolère chez le nègre et le peau-rouge, à cause de leur couleur et du milieu sauvage où généralement on les rencontre, il n'en est plus ainsi pour le Japonais, dans une contrée civilisée, où règne parfois un grand luxe. L'absence de costume devient alors choquante pour des yeux européens. Il en est à plus forte raison ainsi quand ils se heurtent à des femmes sans le moindre appareil.

Aussi ces habitudes de nudité ont-elles provoqué dans les villes ouvertes des protestations chez les étrangers. Des pasteurs protestants, Anglais sans doute, imaginèrent de distribuer autour d'eux des *inexpressibles*. La dépense devint grande et ne produisit aucun résultat, car chacun s'empressait d'accepter ces culottes, que personne ne mettait.

Il fallut procéder autrement et l'on fit intervenir les autorités locales. Une ordonnance de police prescrivit de se vêtir. Elle ne fut pas comprise, et la plupart des habitants se contentèrent d'endosser un gilet. Quelques-uns y joignirent une cravate, mais de caleçon, point.

Un nouveau règlement vint préciser ce qu'on exigeait; et dans son zèle à satisfaire la pudeur des étrangers, la police exigea qu'on portât, en outre, une coiffure. Cette superfétation laisserait à supposer que le gouvernement lui-même ne s'est pas bien rendu compte de la portée des réclamations. Il est certain, dans tous les cas, que cette obligation n'a pu qu'égarer les indigènes sur les conditions de la décence en Europe.

Quoi qu'ils en aient pensé, ils s'exécutèrent. Mais, actuellement encore, dès qu'ils franchissent la zone où le vêtement est obligatoire, ils s'empressent de se mettre à l'aise et quittent tout ce qui les embarrasse, à commencer par le pantalon. Ils poussent même si loin parfois le sans-gêne que les hommes attelés aux « curuma », petites voitures tenant lieu de fiacres, n'hésitent pas à s'arrêter pour satisfaire sur place certains besoins, sans le moindre souci des yeux ou du nez de leurs voyageurs. Quand ceux-ci sont des familles anglaises, généralement très pudibondes, on assiste à des scènes épiques.

Sous le rapport de la décence, les indigènes chrétiens ont déjà réalisé de réels progrès. Ils ne sortent pas sans vêtements; mais si, par exemple, quelque puce les pique, fussent-ils sur le seuil de leur porte, ils ne verront aucun inconvénient à entr'ouvrir leur robe du haut en bas pour chercher l'insecte.

Pendant leur adolescence, les Japonais circulent nus. C'est ainsi qu'on les rencontre le long des chemins, et l'on peut même constater à chaque instant leur démoralisation inconsciente.

On dirait que, réellement, ils descendent du singe, selon certaines doctrines nouvelles, tant les actes auxquels ils se livrent, et que personne ne réprime, tiennent de la bestialité. C'est bien là le paganisme. Peut-être est-ce un effet des déplorables exemples que, dès leur naissance, ils ont eus sous les yeux dans leur famille; mais le mal a été certainement aggravé par l'éducation que leur ont donnée les enfants plus âgés auxquels leurs parents les ont abandonnés, sous prétexte de les leur faire garder. Ceux-ci les ont choisis seulement en raison du bas prix qu'ils demandaient pour cette prétendue surveillance, et jamais on n'a pris garde à leur moralité, à leur sexe ou à leur âge.

Ces polissons s'attachent sur le dos les petits êtres qu'on leur confie et vont reprendre, ainsi chargés, leurs jeux ou leurs travaux, sans se préoccuper de ce qui peut survenir. Il arrive souvent qu'ils les détachent pour s'en amuser, et l'on devine tout ce qui se produit, car bon nombre de ces gardiens ont de quinze à seize ans. Les inconvénients sont à peu près les mêmes, quel que soit le sexe. Le vice suppléant à l'âge, il survient des naissances insolites.

Les parents sont bien plus préoccupés de nourrir leurs enfants; et s'ils ne peuvent y parvenir, ils les donnent ou les vendent. On voit des jeunes filles suggérer à leur famille de semblables marchés que sanctionne, d'ailleurs, la justice japonaise. Elle les favorise même, puisqu'elle condamne ces malheureuses à rester chez leurs maîtres jusqu'à ce qu'elles aient acquitté les dettes qu'ils ont eu soin de leur faire contracter.

On voit à quels obstacles se heurtent nos missionnaires pour corriger les mœurs du pays. Leur tâche est encore rendue plus difficile par la réunion, dans les mêmes écoles, des jeunes chrétiens et des païens, car là-bas ces établissements sont mixtes, et le contact des païens, quel que soit le sexe, est toujours pernicieux. Aussi nos pauvres religieux s'efforcent-ils de créer des classes exclusivement affectées aux chrétiens.

Peut-être faudrait-il, avant tout, arriver à faire du mariage un acte sérieux, avec des conséquences durables, comme cela se voit chez tous les peuples d'Occident. Au Japon, ce n'est qu'une union passagère, provenant d'un marché ou d'une fantaisie, et qu'on peut rompre à volonté. La pluralité des femmes y est en honneur, puisque c'est la mesure ordinaire de la fortune des gens. Les familles sont donc sans cohésion réelle; le moindre évènement suffit pour les disperser et pour rendre tous ses membres à jamais étrangers les uns aux autres.

Pour s'en rendre compte, il suffit d'assister aux funérailles. On voit toutes les veuves suivre en troupeau le corps de leur époux. Elles ont revêtu pour la circonstance leurs plus beaux atours et

*

se sont parées des couleurs les plus éclatantes, pour mieux attirer les regards. Tout dans leur attitude indique qu'elles sont fort préoccupées de faire pendant le trajet une nouvelle conquête, afin de se procurer un gîte, car la maison conjugale va leur être fermée, les héritiers ne voulant pas les nourrir.

Il arrive souvent que, pour grossir l'importance du cortège et faire croire chez le défunt à plus d'opulence, on loue des femmes d'occasion qui viennent s'adjoindre à elles. Les gémissements ou plutôt les beuglements qu'on entend sont poussés par des pleureuses à gages dont la joie, au retour du cimetière, et après un copieux festin, va devenir encore plus tapageuse et surtout plus inconvenante à tous égards.

La multiplicité des unions chez les Japonais, leur peu de durée, la facilité avec laquelle on les contracte, puis on les rompt, jette les missionnaires catholiques dans des embarras multiples, quand il s'agit de baptiser des adultes.

Ceux-ci doivent en effet réformer préalablement leurs mœurs. Il faut donc rechercher dans tous ces accouplements lequel a présenté, le premier, les conditions requises par la loi chrétienne pour la validité d'un mariage. Toutes les autres unions doivent être abandonnées par le néophyte, s'il veut être admis à recevoir le sacrement, car aucune affection irrégulière ne peut plus être tolérée chez lui. Mais il arrive assez souvent que le mariage qui semblait valable, est lui-même vicié par rapport à l'un des conjoints engagé déjà dans des liens reconnus permanents. Ces enquêtes sont aussi longues que délicates, souvent elles semblent inextricables.

III

Il ne faut pas compter sur les religions païennes pour moraliser leurs adeptes, puisqu'elles sont en partie cause du dévergondage qu'on remarque chez tous les peuples soumis à leurs lois.

Au Japon, le bouddhisme n'a pas produit de meilleurs résultats qu'ailleurs. Quant au shintoïsme, culte particulier à cet empire et sa religion nationale, son influence sur les mœurs a été désastreuse. C'est un ensemble de superstitions grossières, où tout a son culte, excepté le vrai Dieu. On y adore les forces de la nature, représentées par des génies, et surtout les mânes des ancêtres. Cela n'empêche pas de vénérer aussi bon nombre d'animaux, généralement les plus redoutés, et même les choses les plus immondes. Une cosmogonie bizarre idéalise tous les vices.

L'empereur ou « mikado » est le chef de cette religion. Il est réputé fils des dieux et devient dieu lui-même après sa mort. A cet instant, il perd à jamais son nom mortel; il en reçoit un autre. Rappeler l'ancien serait un blasphème. Pendant son règne il peut conférer les honneurs divins en accordant certains titres. C'est ainsi qu'il vient de créer « Inari » (Renard), le prince Sanjo, son garde des sceaux, qui devait mourir peu d'heures après. Le renard est un des principaux dieux japonais, à cause de son astuce.

Le prince Sanjo était l'un des trois auteurs de la révolution de 1868 qui a débarrassé le mikado de la tutelle insupportable où le retenait le « Shogun », véritable maire du palais, qui avait usurpé toute l'autorité, à commencer par la gestion des finances. Depuis quatre cents ans, aucun Japonais n'avait reçu la distinction octroyée à Sanjo mourant. Mais il n'est pas bien sûr qu'il ait quitté la vie avec la certitude de jouir de sa divinité. Quoi qu'il en soit, on lui a rendu dès ce monde les plus grands honneurs dans de splendides funérailles. Tous les pouvoirs publics ont suivi sa dépouille; ce n'étaient qu'uniformes magnifiques dont les formes européennes produisaient un singulier effet sur des dos Japonais. Leurs dorures mêmes faisaient ressembler le cortège à quelque mascarade, car, dans cet étrange pays, le grotesque s'allie presque toujours à une vraie richesse d'ornementation.

Si les religions de ces contrées ne peuvent rien pour l'amélioration des habitants, les mœurs de leurs prêtres contribuent, au contraire, beaucoup à la dépravation générale. Les bonzes ont une conduite si licencieuse, qu'après leur avoir interdit le mariage, il a fallu le leur prescrire, mais sans parvenir à un résultat meilleur.

Quant aux temples païens, ils recèlent les images et les sculptures les plus obscènes. Certaines processions revêtent même un tel caractère, par les objets qu'on y exhibe solennellement, qu'elles rappellent les cérémonies les plus scandaleuses de l'antiquité. Elles sont aujourd'hui interdites dans les villes ouvertes, parce que les étrangers s'en offusquaient avec raison.

IV

Il n'est pas surprenant que dans un tel milieu les jeunes filles aient de bonne heure complété leur éducation. Elles ont même très vite acquis des connaissances spéciales et savent à merveille se préserver des conséquences fâcheuses de certaines chutes. Les procédés divers qu'elles emploient, d'ailleurs sans se cacher, éveilleraient, par leur simplicité et parfois par leur habileté, l'admiration de nos matrones les plus expertes.

Mais, pour ne parler que des infanticides, dans certaines parties du Japon ils sont d'un usage fréquent; ils sont même en quelque sorte réglementés dans l'île d'Imoda, non loin de Tokio. Là, les femmes n'élèvent jamais plus de trois enfants; les autres sont supprimés, pour ne pas ajouter aux difficultés qu'éprouve la population à trouver sa subsistance.

Dans l'intérieur du Japon, on rencontre des familles très nombreuses, mais cela ne signifie pas que les infanticides y soient très rares. Malgré le gouvernement, l'opinion publique les tolère tout au moins.

Voici l'un des moyens de les dissimuler.

Au moment de l'accouchement, la maison s'emplit de musiciens munis d'instruments sonores, la plupart employés dans les cérémonies religieuses. A l'instant décisif ils font rage; ils sont sensés accompagner des cantiques beuglés en même temps en l'honneur du dieu Bouddha, dont on prévoit l'intervention. Le nouveau-né peut crier, les voisins ne l'entendront pas. Mais, dans ce cas, il naît toujours asphyxié par un moyen très simple et qui ne laisse aucune trace. Si des médecins viennent constater le décès, on pourra dire que Bouddha est venu chercher la jeune âme : on le sait si complaisant!

Les mauvaises mœurs des Japonais se constatent partout. Les bains chauds, dont les habitants abusent, sont une occasion de débauche. Les baignoires sont publiques, en ce sens que tout le monde peut y entrer à la fois, sans égard au sexe, à l'âge ou à l'état de santé. Ce sont des cuves, de quelques mètres seulement de circonférence, où l'on s'entasse : chacun y grouille à sa fantaisie. Il s'y passe, comme on peut le deviner, toutes sortes de choses. A une certaine époque, on avait prescrit l'apposition d'une corde à la surface de l'eau, pour séparer les sexes; mais cette ficelle a fini par s'user, et personne n'a eu l'hypocrisie d'en réclamer le rétablissement.

Autre détail : jamais on ne porte au bain le moindre vêtement. Les Japonais prétendent que des caleçons saliraient l'eau.

Mais de tous les endroits publics, les plus funestes aux mœurs sont incontestablement les maisons de thé et les auberges, parce que personne, en voyage notamment, ne peut se dispenser d'y entrer. Je passe sous silence les maisons de danseuses, qui ne sont que des lieux de plaisir, bien qu'on en rencontre partout, car on peut les éviter. Ne nous occupons donc que des auberges et des maisons de thé, sortes de restaurants.

Dans ces établissements le service est fait exclusivement par des jeunes filles, choisies avec le plus grand soin par le patron qui partage avec elles tous les bénéfices, sans intervenir autrement.

On comprend que la respectabilité ne soit pas la qualité qu'il préfère chez ses employées ; car il lui est plus avantageux qu'elles soient appétissantes et point farouches. Elles s'arrangeront ensuite avec les clients comme elles l'entendront. Seules elles débattent tous les prix : c'est leur affaire.

Les voyageurs ont donc grand peine à se défendre de leur amabilité provocante. L'embarras, pour ceux qui veulent rester vertueux, est d'autant plus réel, que l'établissement ne possède généralement qu'une seule pièce et qu'on n'y observe aucune retenue. Fût-on missionnaire, on est obligé de tout voir et de tout entendre. Voilà pourquoi d'autres prêtres, d'une vocation moins éprouvée, ne peuvent séjourner dans ce pays. On en voit repartir par le paquebot qui les avait amenés.

Le résultat naturel de cette dissolution générale est une profonde atteinte à la santé publique. A Nagoya, ville militaire, et d'ailleurs une des plus corrompues, un des derniers conseils de révision n'a trouvé que 11 conscrits, sur 356, qui fussent sains.

Les causes de cette contagion sont multiples et l'on doit faire entrer en compte la malpropreté repoussante des couvertures que l'on donne dans les hôtels aux voyageurs pour se garantir du froid pendant la nuit. Les Japonais ont l'habitude de s'y introduire tout nus ; aussi sont-elles graisseuses et nauséabondes. On peut y contracter les maladies les plus redoutables et les plus honteuses, ce dont les indigènes se préoccupent assez peu. Mais il ne peut en être ainsi de la part de nos missionnaires ; aussi ne voyagent-ils jamais sans emporter au moins des draps.

Parmi les inoculations qu'on doit craindre il faut citer la variole, dont les épidémies sont fréquentes, et la lèpre, dont on rencontre d'assez nombreux cas, même chez les enfants.

Jadis ces malheureux, objet d'une répulsion universelle, demeuraient sans secours, abandonnés même de leur famille ! Il n'en est plus tout à fait ainsi depuis qu'un courageux missionnaire français, le P. Testevuide, est parvenu à fonder un asile, hélas ! bien insuffisant encore.

Ceux qui vantent la salubrité du Japon oublient que le choléra y fait des apparitions presque périodiques et que, cette année encore, il y a fait 33 800 victimes presque exclusivement chez les indigènes. Ils sont généralement trop pauvres pour prendre les précautions nécessaires. Dans les hôpitaux affectés aux cholériques, de nouveaux convertis s'étaient offerts comme infirmiers. Plusieurs ont été victimes de leur dévouement. Nos missionnaires soutenaient leur courage.

Si l'on voulait apprécier d'une façon générale l'état moral du Japon, il suffirait de pénétrer dans les quartiers que chaque ville réserve à la concentration de tous les plaisirs. C'est toujours l'endroit le plus animé, le plus luxueux, le mieux éclairé. Là se donnent rendez-vous, comme lieu de promenade, les familles les mieux posées et les plus honnêtes.

Des boutiques de poupées vivantes, à vendre ou à louer, étalent en pleine lumière leur fastueuse marchandise qui fait l'ornement de la devanture. Des parents n'ont point honte d'y venir converser, et personne ne s'étonne de cette absence de sens moral.

Des protestants, plus pudibonds que moraux, se sont interposés. Ils voulaient que le vice cessât d'être ainsi parqué, qu'on le laissât s'établir où bon lui semblerait..Mais l'expérience de cette liberté absolue a été faite aussi au Japon, et la moralité publique en souffrait davantage. On a reconnu qu'il valait mieux règlementer la corruption, afin de la restreindre aux créatures déjà perdues.

La plupart des voyageurs ont signalé la dépravation des mœurs japonaises; mais on connaît beaucoup moins la généralité de l'ivrognerie, dans ce pays. Pour s'en apercevoir, il faut être mêlé à la vie intime des indigènes.

Ce vice a des racines d'autant plus profondes qu'il tient à des habitudes séculaires, et qu'il provient en grande partie de la politesse exagérée qu'on rencontre partout au Japon. L'usage est, en effet, d'y offrir aux visiteurs, comme aux convives, non pas une banale poignée de main, en signe de bienvenue, mais d'échanger avec eux une tasse pleine d'une liqueur fermentée, de vin de riz appelé « saké ». Sous peine d'être taxé de grossièreté, on doit boire à la santé les uns des autres; d'ailleurs dans tous les festins, les toasts se portent au commencement du repas, qui débute au Japon par le dessert. Dans les classes élevées, car l'exemple part des plus hauts rangs de la société, l'engouement des modes européennes a fait remplacer le saké par de la bière; mais l'effet est le même au bout d'un temps plus ou moins court.

Au renouvellement de l'année, époque où les fonctionnaires échangent entre eux des visites officielles, avant midi elles sont devenues impossibles chez les personnages que leur situation appelle à en recevoir beaucoup. Ils ne sont plus en état d'apercevoir ceux qui voudraient leur présenter leurs hommages.

Ces excès ne peuvent pas favoriser les bonnes mœurs, qui doivent être aussi fort compromises par une nourriture en majeure partie composée de poisson, le plus souvent cru. Je ne serais pas surpris d'ailleurs que les racines de nénuphar, légume très estimé dans cet étrange pays, n'eussent rien des propriétés sédatives qu'on leur suppose ailleurs, car les Japonais en auraient depuis longtemps abandonné l'usage.

On voit tout ce que nos missionnaires ont à faire pour réformer des habitudes si contraires à la continence chrétienne, et que d'indulgence il leur faut déployer avant d'amener les nouveaux convertis à perdre leurs fâcheuses coutumes. Ils y retombent bien souvent, et il n'est pas rare de voir toute une chrétienté, un jour de fête religieuse, venir en titubant consulter le Père sur un point de doctrine à propos duquel on n'est plus guère en état de s'entendre. Le Père reçoit ces pauvres gens d'un air sévère, du moins il veut paraître tel, et les ajourne au lendemain. Quand ils reviennent, ils ont l'explication sollicitée, mais ils s'entendent en même temps condamner à trois jours de jeûne. La pénitence est ponctuellement exécutée par tous, à la grande stupéfaction des païens.

V

Les difficultés provenant des mœurs et des habitudes locales ne sont pas les seules contre lesquelles les missionnaires catholiques aient à lutter. Ils ont à combattre en outre l'hostilité rivale d'une foule de pasteurs protestants accourus de l'étranger pour s'opposer à leurs progrès.

C'est qu'aucun de nos ennemis séculaires n'ignore que toute conversion au catholicisme amène une recrue à l'influence française, à ce point que dans l'extrême Orient le mot *catholique* est synonyme de *français*, et réciproquement. Pour annihiler nos missionnaires, tous les moyens servent. La morale chrétienne cesse d'être inflexible, elle se prête aux circonstances. Toutes sortes de concessions sont faites pour retenir ou attirer ceux que le rigorisme catholique avait effarouchés. Au besoin, l'or dissipe les hésitations qui subsistent encore, car les gouvernements étrangers, plus intelligents que le nôtre, facilitent à leurs agents tous les genres d'action.

Cette puissante propagande, et surtout l'effet désastreux qu'ont produit en Orient nos défaites de 1870-71, ont mis l'Angleterre, l'Allemagne et les États-Unis en possession de l'influence que nous avions acquise. La mode même a tourné contre nous. Comment d'ailleurs comparer la situation besoigneuse de nos missionnaires avec l'existence presque fastueuse des pasteurs protestants? Quand les premiers arrivaient en proscrits, ceux-ci débarquaient en vainqueurs, suivis de toute leur famille et de nombreux domestiques. Les uns vivent presque en reclus, abandonnés à eux-mêmes; les autres fréquentent intimement la partie la plus riche et la plus influente de la colonie étrangère.

On sait partout que l'argent ne manque jamais aux pasteurs protestants, alors que nos pauvres missionnaires catholiques ne peuvent compter que sur les quêtes faites pour eux dans leur patrie. Aussi la lutte est-elle fort difficile pour nos compatriotes, dans les villes où nos puissants rivaux peuvent s'épanouir à l'aise. Mais les conditions changent dans les provinces encore fermées aux Européens. Pour y vivre, il faut toute l'abnégation, tout le courage de nos admirables religieux. Il n'est pas probable que leurs sensuels adversaires s'y exposent. Mais il faudrait à nos missionnaires les ressources nécessaires pour y ouvrir des écoles et même des asiles, sans quoi leur dévouement ne produira que peu de fruits.

Veut-on savoir d'ailleurs ce qu'est devenue dans ces contrées notre influence, jadis prépondérante? On sait que nos officiers sont venus former l'armée japonaise : elle suit aujourd'hui la tactique allemande.

Symptôme plus significatif : les officiers indigènes ont le droit de porter habituellement la coiffure militaire de la France ou de l'Allemagne. Eh bien, dans toute la garnison de Tokio, la capitale, deux ou trois d'entre eux seulement osent rester fidèles à notre képi. Cette singularité fait qu'on les montre du doigt dans les rues. Croirait-on que la langue française a cessé d'être en usage même dans les établissements financiers que leur origine rattache à notre pays? L'anglais est la langue universellement adoptée dans les villes ouvertes. Toutes les communications officielles sont faites simultanément en anglais et en japonais.

Il est à craindre que nos ennemis n'aient commis une faute lourde en nous décriant comme ils l'ont fait. Ils ont trop oublié la défiance instinctive des Orientaux contre les Européens. Les Japonais ne sont pas moins vaniteux que les Chinois et, malgré tous les emprunts qu'ils leur ont faits, les Occidentaux sont restés pour eux des *barbares*.

On peut constater d'ailleurs avec quel empressement ils se débarrassent de tous les éducateurs qu'ils avaient appelés du dehors. A peine attendent-ils qu'ils puissent s'en passer pour le développement de leur industrie et de leurs sciences. Leur outrecuidance ne le cède à celle d'aucun peuple de l'Orient : tout ce qui vient d'Europe leur est suspect.

On peut en juger par le fait suivant. Au mois de décembre dernier, un synode se tenait à Tokio. Il s'agissait de trouver un *credo* qui pût être accepté de toutes les sectes protestantes. La chose était peut-être difficile; néanmoins on se mit à l'œuvre. Une commission fut chargée des études préparatoires. Elle était composée de trois ministres étrangers et de quatre Japonais choisis parmi les plus marquants dans la confession presbytérienne. Elle entreprit de laborieuses recherches et finit par s'entendre sur une certaine rédaction que le synode repoussa presque sans examen. Il en fut de même quand on lui proposa d'adopter, tout simplement le *Symbole des Apôtres*. Le motif secret de cette opposition était que l'inspiration de ces divers projets était attribuée à des étrangers.

Alors un professeur japonais, aidé de deux de ses compatriotes, se mit à la besogne. Il apporta le lendemain une rédaction très peu différente des deux autres. Elle allait être conspuée, quand il affirma que personne autre qu'eux trois n'y avait collaboré. Elle fut aussitôt acceptée avec enthousiasme. Au fond, cette nouvelle formule était la reproduction des affirmations émises dans le *Symbole des Apôtres*.

Si l'on tient compte des indications fournies par les publications locales, il est manifeste que les Japonais songent sérieusement à se fabriquer une religion appropriée à leurs mœurs. Ils se montrent même disposés à l'emprunter, pour la majeure partie, au christianisme, dont la doctrine leur semble bien supérieure à leurs anciennes croyances.

Ils prétendent, au surplus, qu'il ne feront qu'imiter ce qui s'est produit en Angleterre, en Russie, en Allemagne et en France, nations ayant chacune leur religion particulière. Ils se préoccupent fort peu, en pareille matière, de la vérité intrinsèque. Or, avec une religion d'État, tirée du christianisme, le rôle de nos missionnaires serait rendu plus difficile encore, car ils n'auraient pas seulement contre eux les mœurs du pays, mais aussi les institutions. Il serait puéril de compter sur la prétendue liberté religieuse concédée récemment par la constitution japonaise. Voici ce qu'elle dit : « Les sujets japonais jouiront de la liberté religieuse en tout ce qui n'est pas préjudiciable à la paix et au bon ordre, *ni contraire à leurs devoirs de sujets*. » Il ne faut pas être juriste bien retors pour deviner l'interprétation qu'on peut donner à cet article, afin d'empêcher l'exercice du catholicisme.

Ainsi, à certain jour de l'année, le *Mikado* qui, d'après la religion nationale, est fils des dieux, reçoit des honneurs divins. Des consciences chrétiennes peuvent se refuser à cette adoration. Qu'arrivera-t-il alors? On ne doit pas, en effet, supposer que l'empereur du Japon renonce jamais de bonne grâce au culte de ses sujets, dût la vérité religieuse en souffrir; et l'on sait quelles persécutions ont ensanglanté ce pays. Il y a peu d'années, au coin de toutes les rues, on pouvait voir, encore affichés, les édits déclarant le catholicisme *infâme et attentatoire à la majesté impériale*.

Ces évènements pourraient se reproduire. Ils sont même désirés par tous ceux qu'a dépossédés la révolution de 1868, attribuée à l'influence européenne. Les prêtres païens, les anciens seigneurs féodaux, leur suite militaire, demeurée sans emploi, ne font aucun mystère de leur rancune. Un rien peut surexciter leur fanatisme ou leur colère, ainsi qu'on a pu le constater tout récemment.

Jamais, d'ailleurs, le christianisme ne se fera complètement pardonner par l'orgueil japonais son origine étrangère. Il y a quelques mois, à Tokio même, dans la concession européenne, un pasteur protestant, s'étant trouvé sur le passage de l'impératrice-mère, négligea de la saluer. Il reçut aussitôt un coup de lance à la tête. La foule alla faire le siège de sa demeure. Lui et sa famille furent sauvés à grand peine par une prompte intervention de la police. Ils n'eussent point échappé si le fait se fût produit dans la ville japonaise. Il comprit si bien le péril que lui faisait courir le ressentiment habituel des indigènes, qu'il jugea prudent de quitter le pays par le premier paquebot et d'emporter tout ce qu'il possédait.

VI

Une erreur, trop répandue, représente le Japon comme entré dans le mouvement de la civilisation européenne. Il n'en est point ainsi, car plusieurs des institutions récemment introduites ne sont pas encore comprises par la nation. Le gouvernement l'a devancée de beaucoup dans la marche des idées. Ainsi des jurisconsultes étrangers ont procédé à la refonte des vieilles lois japonaises, en cherchant à les rendre compatibles avec la législation des peuples occidentaux. Des juristes indigènes sont même allés étudier en Europe le fonctionnement des tribunaux. Ils connaissent assez bien nos lois, mais n'en ont guère saisi que le texte. Les motifs qui les ont inspirées leur sont restés inconnus. Aussi, dans l'application qu'ils font de leur nouvelle législation, arrivent-ils souvent à des résultats saugrenus. Si bien, que les résidents étrangers, justiciables de leurs consuls respectifs, d'après les traités en vigueur, ont refusé de se soumettre à l'unité de juridiction que le pouvoir impérial voulait établir. Les magistrats indigènes leur inspirent encore des craintes trop fondées, en dépit des imprudents éloges que certaines rivalités nationales leur avaient prodigués.

L'imminence du péril fit taire toutes les jalousies, et toutes les nations européennes se trouvèrent d'accord pour repousser toute innovation aux anciennes conventions diplomatiques. Mais les Anglais, qui, plus intéressés, avaient pris l'initiative de la résistance, encoururent la principale responsabilité de cette opposition. La presse locale les attaqua d'une façon violente, et ses menaces collectives contre tous les étrangers faillirent recevoir pour eux un commencement d'exécution. On se borna cependant à les huer dans les rues. Cet incident montre avec quelle facilité l'orgueil national en viendrait à des voies de fait.

Il n'est pas même bien certain que les autorités japonaises soient toujours assez fortes pour les empêcher. Le premier vote du parlement, élu selon la constitution nouvellement établie au Japon, a été un acte d'opposition aux tendances gouvernementales. Les députés ont fait choix d'un président opposant. La tournure et la forme des délibérations ont accentué de plus en plus leur résistance aux idées nouvelles. Plusieurs réformes d'une incontestable sagesse, des dépenses utiles à l'intérêt général ont été l'objet de décisions hostiles au pouvoir qui les avait conçues. Des projets importants vont rester en suspens. Mais, ce qui est plus grave, l'assemblée incline visiblement vers un certain retour à la féodalité. Bref, le pouvoir impérial n'a pas dû s'applaudir de son essai d'institutions parlementaires ; et, sans être pessimistes, les gens habitués aux soubresauts du suffrage universel en Europe peuvent craindre, dans un avenir plus ou moins prochain, pour la stabilité du trône japonais.

Une réaction dans la marche du gouvernement impérial serait un périlleux écueil pour la civilisation européenne dans ces contrées, et un péril non moins grand pour le christianisme dont nos missionnaires catholiques sont les plus zélés apôtres. Leur sécurité tient uniquement à la protection que leur accorde le pouvoir central. Toutefois leur sûreté personnelle les préoccupe moins que les progrès de notre influence nationale, et c'est pourquoi la création de nouvelles écoles leur tient tant au cœur. De nombreux élèves leur sont assurés : notre personnel enseignant est prêt à toutes les fatigues, nos religieuses à tous les sacrifices.

Hélas ! toutes ces ressources demeurent improductives pour nous, faute des fonds nécessaires à l'installation d'établissements nouveaux, malgré le bon marché des constructions dans ce pays. Que peut-on demander à de pauvres gens qui, oubliés de leur patrie, n'ont pour vivre eux-mêmes que les 50 francs envoyés mensuellement sur les produits des aumônes catholiques, alors qu'ils ont déjà tant d'œuvres à soutenir? Des ministres soucieux des vrais intérêts de la France, de sa grandeur au dehors, eussent trouvé moyen de remédier à cette pénurie. Aucun de leurs agents ne leur a caché les multiples services rendus en Orient par nos missionnaires, restés si patriotes, si heureux quand on songe à eux.

On ignore sans doute en haut lieu tout ce qui se dit à l'étranger sur la clairvoyance de notre gouvernement, et l'on ne voit pas la joie mal dissimulée que nos ennemis éprouvent devant l'incompréhensible abandon où nous laissons nos meilleurs auxiliaires.

Il semble toutefois que certains voiles ne tarderont guère à se déchirer. Les masques finiront par tomber. Déjà le vrai peuple, celui qui travaille en silence, attendant des jours meilleurs, commence à distinguer ses vrais amis. Il s'approche des endroits où se traitent pacifiquement les grandes questions sociales. Il sait qu'on en parle enfin dans l'Église, il commence même à écouter : ses yeux ne peuvent tarder à s'ouvrir à la clarté répandue par la religion sur ces redoutables problèmes. Bien des gens reconnaîtront à la longue qu'on ne dirige pas un peuple sans Dieu, et se lasseront de voir contester certaines libertés nécessaires au père de famille. Le bon sens public ne peut manquer de faire justice, tôt ou tard, des hâbleries révolutionnaires et de s'apercevoir que la véritable *fraternité* n'existe que chez nos religieux, ces amis sincères du pauvre. Le jour où cesseront les préventions ineptes que la politique a soulevées, beaucoup de bien pourra se produire par nos missionnaires catholiques. Ceux-ci, secourus enfin, pourront faire triompher partout leur pacifique influence et propager celle de leur chère patrie. Quand, par leur abnégation, le Japon sera devenu catholique, nous aurons aux antipodes de fidèles alliés. Ses habitants sont appelés déjà, peut-être autant à cause de leurs qualités que de leurs défauts, les *Français de l'extrême Orient*. Puisse cette qualification prématurée devenir bientôt l'expression de la réalité!

Sur ce point aucun dissentiment ne peut subsister chez des patriotes sincères.

Un ancien magistrat.

Nota. — Ceux qui voudraient connaître l'existence si méritante que mènent nos missionnaires en Orient, pourront consulter avec fruit un volume illustré dont la maison Mame, de Tours, prépare en ce moment la publication. Il aura pour titre : *Le Japon d'aujourd'hui.*

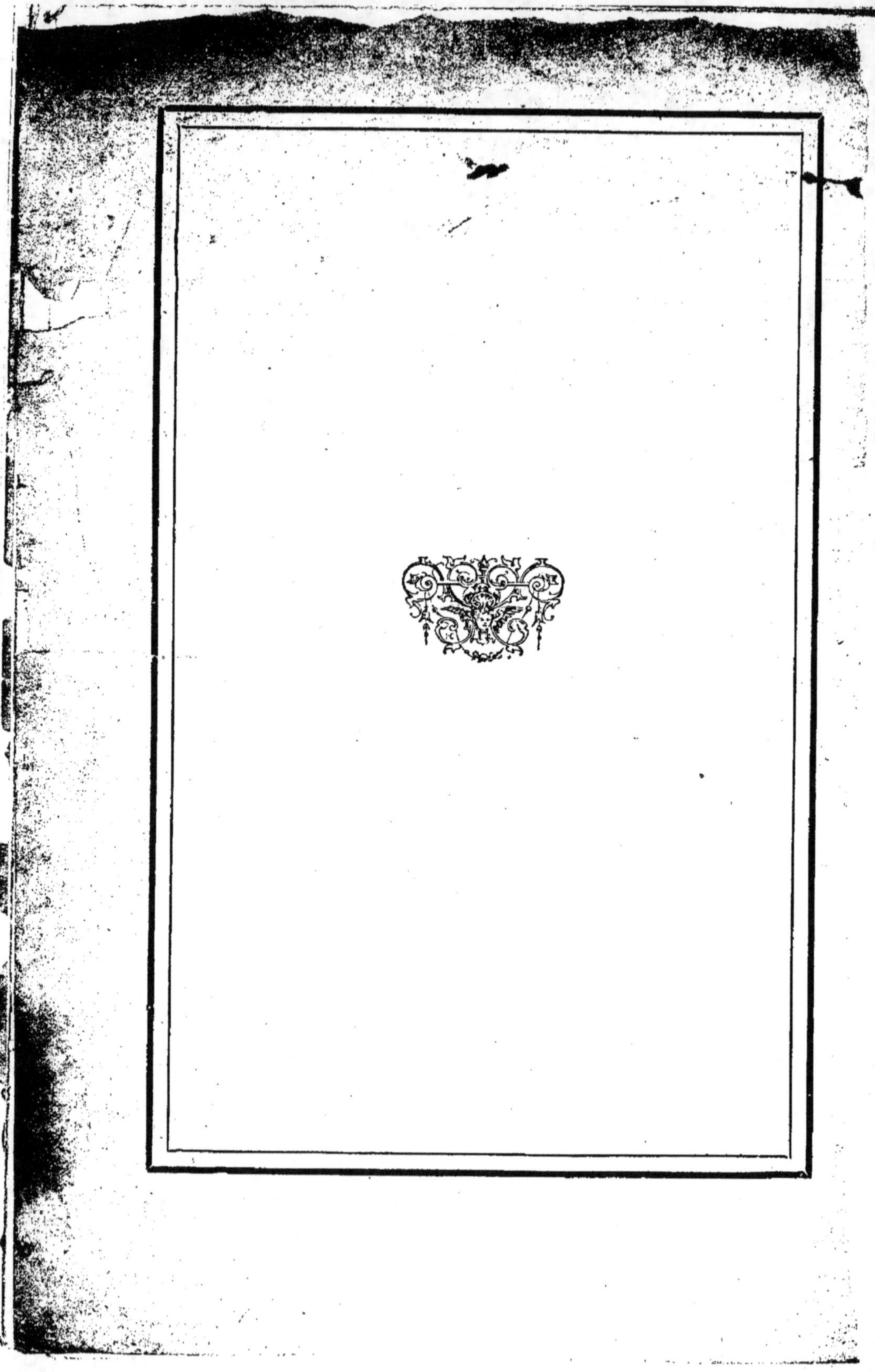

www.ingramcontent.com/pod-product-compliance
Lightning Source LLC
LaVergne TN
LVHW012127170726
843501LV00008BC/3068